T0065690

POR LOS QUE VAN A NACER

Jesús A. Diez Canseco

WESTBOW
P R E S S®
A DIVISION OF THOMAS NELSON
& ZONDERVAN

Puede hacer pedidos de libros de WestBow Press en librerías o poniéndose en contacto con:

WestBow Press
A Division of Thomas Nelson & Zondervan
1663 Liberty Drive
Bloomington, IN 47403
www.westbowpress.com
844-714-3454

ISBN: 978-1-6642-8757-0 (tapa blanda)
ISBN: 978-1-6642-8756-3 (libro electrónico)

Información sobre impresión disponible en la última página.

Fecha de revisión de WestBow Press: 01/13/2023

DEDICATORIA

A TODOS LOS QUE VAN A NACER

ÍNDICE

PRÓLOGO

Desde su aparición sobre la faz de la tierra, los miembros de la raza humana han puesto especial empeño en asegurarse de la continuidad de su especie mediante la protección de los que van a nacer. Tal protección encuentra su fundamento en el hecho de que los que están en el vientre de sus madres no tienen otra garantía de nacer sino la que les brinda la familia y la colectividad en la que nacerán.

Es una característica de toda especie biológica multiplicarse mediante la procreación de nuevos individuos los cuales dan continuidad a la especie y le permiten alcanzar el progreso colectivo.

Con el avance de las formas de organización societaria, los seres humanos adoptaron sistemas consuetudinarios y legales que reforzaron la viabilidad del constante incremento poblacional, de la satisfacción de las necesidades económicas y de la estabilidad de las instituciones comunitarias.

La historia registra que las primeras codificaciones que el ser humano instituye, con el propósito de proteger a los van a nacer, aparecen en Mesopotamia y en Egipto, civilizaciones que prohibían las prácticas conducentes a la terminación prematura de los embarazos y las prácticas de eliminación de los recién nacidos. La civilización griega, así como la romana, continuaron, en su mayor parte, las normas jurídicas de protección a los que iban a nacer, en tanto y en cuanto, la existencia de nuevos miembros de la sociedad era esencial para el funcionamiento de los sistemas sociopolíticos y de producción económica imperantes en aquellos tiempos. Así, por ejemplo, en las sociedades esclavistas, una mujer esclava con capacidad para procrear hijos tenía un mayor valor económico.

Durante las etapas del Medioevo, el antiguo Derecho Romano mantuvo su vigencia incluyendo normas legales que otorgaban derechos civiles a los que estaban por nacer, con la condición de que naciesen vivos. Los sistemas legales de protección a los que iban a nacer se sostenían en valores jurídicos basados en la igualdad humana entre nacidos y no nacidos, así como en consideraciones económicas determinadas por la necesidad de traer nuevos trabajadores al mundo.

En términos generales, la vigencia de las leyes contra el aborto, encontraba su justificación en la necesidad demográfica, moral y socioeconómica de restringir la proliferación de prácticas abortistas tales como la reducción del número de bebes débiles e improductivos, la eliminación de herederos indeseados, el estigma social de un embarazo fuera del matrimonio, la conveniencia de evitar los gastos del nacimiento y la crianza, etc.

En la actualidad, el tema del derecho a nacer es debatido en la mayoría de las regiones del planeta gracias a los alcances de los medios de comunicación masiva y a la creciente relevancia de la defensa de la vida humana. Este tema es, por lo general, fuente de polarizadas controversias y apasionados debates entre dos grupos marcadamente opuestos, a saber: el grupo de los que están a favor del derecho a nacer y el grupo de los que están a favor del derecho a elegir. En otras palabras: el grupo de los que eligen el nacimiento, y el de los que eligen el aborto.

El 24 de junio de 2022, en el caso judicial de Dobbs vs. Jackson, la Corte Suprema de los Estados Unidos de Norteamérica resolvió que la Constitución del país no reconoce el derecho al aborto. De esta manera, dicha corte anuló la previa resolución conocida como Roe vs. Wade (de 1973) la cual había legalizado el aborto durante casi 50 años. Sin embargo, la confrontación entre los pro abortistas y los anti abortistas continúa polarizando las opiniones dentro de las instituciones políticas, religiosas, económicas, judiciales, tecnológicas y científicas del país.

Si bien es cierto que la Corte Suprema ha vacado la legalidad constitucional del aborto, las instituciones judiciales, ejecutivas y legislativas de algunos Estados de la nación han asumido la tarea de abogar por el derecho de los progenitores a recurrir al aborto de manera legal. En el campo político, el Partido Demócrata plantea la necesidad de legalizar, a nivel federal, el aborto mediante una intervención del Congreso de la Nación y la consecuente promulgación por el Presidente de la República. Por su lado, el Partido Republicano favorece, mayormente, el derecho a la vida de los que van a nacer, y se propone no alterar la reciente resolución de la Corte Suprema respecto a este asunto.

Este libro presenta, de manera concisa y sencilla, una serie de pensamientos en defensa del derecho que a la vida tienen los que van a nacer. En un apéndice, se anotan datos estadísticos sobre el aborto en EEUU, así como breves datos sobre la situación del aborto en algunas otras regiones del mundo actual.

El autor.

1

LA VIDA EMPIEZA EN LA CONCEPCIÓN

LA VIDA HUMANA EN SUS COMIENZOS

Desde el momento de su concepción, el nuevo ser humano contiene en sí mismo todos los elementos esenciales de la vida humana individual. A partir de ese momento, todo lo que se necesita es desarrollarlos.

DESARROLLO HUMANO

El progreso que alcanza el ser humano desde el momento de su concepción hasta el momento de su nacimiento es tan maravilloso como el progreso que, en su desarrollo, experimenta el ser humano desde su nacimiento hasta el momento de su muerte natural.

NO ES UN ACTO DE MAGIA

Negar que la vida empieza en la concepción es el equivalente a decir que el nacimiento de un niño es un acto de magia – como cuando un mago saca conejos de su sombrero.

LO PRIMERO ES LO PRIMERO

¿Cómo puede ser posible que el hombre trate de comprender los comienzos del universo, si no es capaz de comprender que su propia vida individual comienza en el momento de su concepción?

LA EDAD NO TIENE IMPORTANCIA

Si estamos de acuerdo en que la condición humana no tiene nada que ver con la edad, entonces tendremos que estar de acuerdo en que un niño recién concebido es tan humano como un niño recién nacido.

EL PROCESO DE MADURACIÓN

Si afirmásemos que un ser humano que lleva un mes en el vientre de su madre, no es humano debido a que no ha alcanzado suficiente madurez; entonces cabe preguntarnos: ¿Cuándo alcanza el ser humano suficiente madurez? Es un sólido principio biológico que el proceso de maduración de los seres vivos dura por toda la vida.

SEMEJANZA

En muchos aspectos, la sociedad es un organismo que se parece mucho al organismo de un ser humano individual. Por ejemplo: la mujer que recurre al aborto para preservar la belleza de su cuerpo, es muy parecida a la sociedad que recurre a eliminar a los inválidos para preservar la pureza de la especie.

EXPECTATIVA DE VIDA

Cuando calculamos nuestra expectativa de vida tenemos que incluir el tiempo que pasamos en el vientre de nuestra madre.

LA EDAD

En el momento de su nacimiento, el recién nacido ya tiene nueve meses de edad.

LA NOBLEZA DE LA RAZA HUMANA

Cualquier intento de hacer más noble a la raza humana mediante el aborto, solamente hará que el ser humano se degrade a niveles más bajos que los de cualquier especie animal. La nobleza de la raza humana está basada en el respeto a la vida.

UNA MANIFESTACIÓN DEL ARTE

Toda la vida de un ser humano es una manifestación del arte, y su expresión más hermosa ocurre en el momento de la concepción.

ESENCIALMENTE IGUALES

Fisiológicamente, las diferencias entre el hombre y la mujer son numerosas pero cuando se trata de la función procreadora, hombre y mujer son absolutamente iguales por cuanto la procreación no es posible si falta uno de los dos.

UNA ALIANZA PROHIBIDA

Aquel que defienda la vida no puede aliarse con nadie que promueva la guerra.

CARIÑOS INTENSIVOS

El futuro de la humanidad recibe nueve meses de cariños intensivos en el vientre de una madre.

LA BELLEZA DE LA VIDA

El verdadero amante del arte es aquel que sabe apreciar y disfrutar de la belleza de la vida humana en todas sus etapas desde la concepción hasta la muerte natural.

UN PASO A LA INMORTALIDAD

Por el amor, los padres no sólo procrean sino también cuidan al hijo de por vida, de manera tal que el hijo llega a ser el primer paso en una secuencia inmortal de seres humanos.

EXACTAMENTE IGUALES

La naturaleza tiene determinado que, con excepción del ciclo del embarazo, la maternidad y la paternidad son exactamente iguales.

LA UNIDAD: ORIGEN Y META

La unidad ha sido siempre el origen y el destino final de los seres humanos. En su origen el ser humano es el producto de la unidad entre el óvulo femenino y el espermatozoide masculino. Y su destino final es la unidad de la humanidad.

CREACIÓN Y EVOLUCIÓN

Todo acto de creación es seguido de un proceso de evolución; y la concepción de un ser humano no es la excepción.

LA HORA DE LA SALIDA SIEMPRE LLEGA

Hay que esperar varios años para que un niño salga de su hogar al mundo externo. Sólo es necesario esperar unos cuantos meses para que el que está en el vientre de su madre salga al mundo externo.

○ ○ ○ ○ ✧ ✧ ✧ ○ ○ ○ ○

CONSISTENCIA

El que dice que ama a la humanidad pero no ama a los niños que están en el vientre de sus madres, es un mentiroso, por cuanto, no existe ningún ser humano que no haya pasado sus primeros meses de vida en el vientre de su madre.

○ ○ ○ ○ ✧ ✧ ✧ ○ ○ ○ ○

¿A QUIÉNES LES DUELE?

Puede ser que el aborto no cause dolor a la madre o al abortista, pero ciertamente causa un profundo dolor a los que aman la vida.

○ ○ ○ ○ ✧ ✧ ✧ ○ ○ ○ ○

OJOS CERRADOS

Aquel que cierra los ojos ante la tragedia del aborto, también los cerrará ante la posibilidad de que la humanidad se destruya.

SÓLO QUIERE VIVIR

Desde el momento de su concepción, el ser humano sólo quiere vivir. Si no fuese así, ningún ser humano podría completar su desarrollo en el vientre de su madre.

LO QUE ME OFENDE

Es una grave ofensa para mí escuchar a algunos decir que yo no era un ser humano cuando estaba en el vientre de mi madre.

MIEMBRO DE UNA COMUNIDAD

Desde el momento de su concepción, el recién concebido es miembro activo de una comunidad, la comunidad que establece con su madre.

INVITACIÓN RECIBIDA

En virtud de haber sido concebidos en el vientre de nuestra madre, hemos recibido una invitación al banquete de la vida.

MÁS ALLÁ DE LO DESNATURALIZADO

Cuando los padres no atienden a las necesidades de su hijo recién nacido, los llamamos padres desnaturalizados. ¿Qué podremos decir de los padres que deciden abortar al hijo recién concebido?

UNA MALA IDEA

Para el abortista, concebir un hijo es como concebir una mala idea. El hijo recién concebido puede ser extraído del vientre de su madre de la misma manera que una mala idea puede ser extraída de la cabeza.

LO QUE DICE UNA MUJER EMBARAZADA

Tan pronto que una mujer, que conoce el valor de la vida humana, se entera de que está embarazada, les dirá a sus amigas: "Estoy esperando a un bebé". ¿La mujer embarazada que piensa abortar, dirá acaso a sus amigas "estoy esperando a alguien que no es humano?"

VIDAS CORTAS

Es una abominación que una sociedad reduzca el ciclo vital del ser humano a, más o menos, 20 años, como ocurre en caso de guerra, o a unos pocos meses, como ocurre en el caso del aborto.

LOS PEORES ENEMIGOS

El aborto y los medios artificiales anticonceptivos son los peores enemigos del desarrollo humano.

ÉL ESTABA EQUIVOCADO

En el momento de su concepción el niño que va a nacer tiene la convicción de que sus padres saben lo que hacen. El aborto prueba que el niño estaba equivocado.

UNA RAZÓN INTERESADA

Las estadísticas sobre la expectativa de vida de los seres humanos usualmente no incluyen las muertes causadas por el aborto en razón de que eso reduciría drásticamente el promedio del número de años que vive la gente.

PADRES RESPONSABLES

Los padres responsables harán todo lo posible para proteger la vida de su hijo recién nacido. Igualmente, los padres responsables harán lo mismo para proteger la vida de su hijo recién concebido.

TUMORES MALIGNOS Y BENIGNOS

El abortista sostiene que algunas mujeres necesitan abortar y otras no. En el primer caso, el niño por nacer es como un tumor maligno que debe extirparse; en el segundo caso, el niño por nacer es como un tumor benigno que no debe extirparse. En ambos casos, la madre quedará totalmente curada del tumor al fin de nueve meses. ¿Está el abortista hablando de una curación milagrosa?

REGALOS

La vida es un regalo de Dios para el hombre. El respeto a la vida es un regalo del hombre para Dios.

¿POR QUÉ?

El niño recién concebido no sabe por qué está vivo. Muchos adultos tampoco lo saben.

NO ES UNA SIMPLE CATEGORÍA CRONOLÓGICA

Un mes en el vientre de nuestra madre es, aproximadamente, equivalente a diez años fuera de su vientre. Pero como la vida no puede reducirse a una simple categoría cronológica, tenemos que dar el mismo respeto a la vida del que va a nacer como a la de los que ya han nacido.

LA PRIMERA RESPONSABILIDAD

Desde el momento de su concepción, el niño que está por nacer crea muchas responsabilidades para nosotros. Nuestra primera responsabilidad es permitirle nacer.

IGUALDAD HUMANA

En el momento de la concepción cada persona es la prueba viviente de la igualdad humana; todos éramos humanamente iguales a esa tierna edad; todos seguimos siendo humanamente iguales a cualquier otra edad.

○ ○ ○ ○ ✧ ✧ ✧ ○ ○ ○ ○

CAMBIOS

Desde el momento de su concepción, la criatura por nacer y su madre son dos seres con individualidad propia que cambian de manera diferente. En los primeros nueve meses, los cambios que la madre experimenta son insignificantes comparados con los cambios que experimenta el que va a nacer.

LOS DOS SON HUMANOS

El niño de un mes de concebido que aparece en la pantalla del equipo de ultra sonido no luce como un ser humano. El niño de un año de edad, desnutrido, con la piel pegada a los huesos que aparece en los noticieros de televisión, tampoco luce como un ser humano. Créanmelo, ambos son seres humanos.

LO CORRECTO

No es correcto decir: "Los que nacen morirán algún día". Lo correcto es decir: "Los que son concebidos morirán algún día". La muerte es la muerte ya sea que ocurra cuando estamos en el vientre de nuestra madre o cuando tengamos cien años de edad.

AVERGONZADO DE SÍ MISMO

El que está a favor del aborto se avergüenza de su formación humilde en el vientre de su madre.

PROTAGONISTAS

La primera verdad que el niño que está por nacer aprende es que él es el producto de la unión de su padre y su madre. La primera mentira que aprende es el aborto. Los adultos somos protagonistas y testigos de esa verdad y de esa mentira.

DOS GRANDES MISTERIOS

Para los que aún están en este mundo, la vida después de la muerte es un gran misterio. Para los que aún están en el vientre de sus madres, la vida después del nacimiento es un gran misterio.

CONCLUSIÓN LÓGICA

Si el niño recién concebido no es parte de la humanidad, entonces la humanidad no está sujeta a las leyes de la evolución de la vida.

ANTICONCEPTIVOS

Los anticonceptivos son instrumentos contra el derecho a ser concebido.

PROPORCIONALIDAD LETAL

Para eliminar a un rival de fuerzas superiores, el contrincante usa un arma de fuego. Para eliminar al niño recién concebido, la madre toma la "píldora de la mañana siguiente".

SEUDOCIENCIA

La seudociencia llega a conclusiones basadas solamente en las apariencias El científico que llega a la conclusión que el niño recién concebido no es un ser humano, es un seudocientífico.

UNA CREENCIA ABSURDA

Los que creen que el niño por nacer no es un ser humano sino hasta el mismo momento en que nace, tienen que estar convencidos de que la primera bocanada de aire que el niño lleva a sus pulmones es la omnipotente creadora de la vida.

UNA DIFERENCIA

La diferencia entre los seres humanos que van a nacer y los que ya han nacido es que para los del primer grupo la vida no es opcional.

NINGUNA DIFERENCIA

No hay ninguna diferencia: Durante su vida en el vientre de su madre, el niño por nacer crece con la ayuda de su madre. Durante su vida fuera del vientre de su madre, él continúa creciendo con la ayuda de su madre.

COMÚN DENOMINADOR

Todos los actos buenos realizados por la humanidad tiene un común denominador: El respeto a la vida.

¿QUÉ MÁS PODRÍA SER?

La prueba irrefutable de que el niño por nacer es un ser humano desde el momento de su concepción, radica en el hecho de que en el momento de su nacimiento, el niño continúa siendo un ser humano.

DEFENSA

De la misma manera en que una madre defiende los derechos de su hijo de un mes de edad, así también ella debe defender los derechos del hijo recién concebido.

LA MAYOR OFENSA

La mayor ofensa que puede sufrir un ser humano es la de ser considerado como indeseable, especialmente cuando está en el vientre de su madre.

LA PRÁCTICA DE LA PACIENCIA

Desde el momento de su concepción, el niño que va a nacer empieza a practicar una de las virtudes más excelsas del ser humano: La paciencia.

EL BUEN USO DE LA AUTORIDAD

La madre embarazada sabe que ella tiene autoridad sobre el hijo en su vientre. Ella también sabe que esa autoridad ha de usarse para proteger la vida de su hijo.

LA PÍLDORA DEL DÍA SIGUIENTE

Un hombre y una mujer demuestran que no tienen control sobre sus cuerpos cuando conciben a un hijo al que tienen que eliminar al día siguiente.

SIN CONTROL

Cuando una mujer, en ejercicio del control sobre su cuerpo, elimina al hijo en su vientre, está demostrando que ella no ejerció control sobre su cuerpo al momento de la concepción.

SIN NINGUNA FUNCIÓN

Si dijésemos que la procreación no ocurre en el momento de la concepción sino en algún momento posterior, entonces tendríamos que concluir que el varón no tiene ninguna función en la procreación.

PURA MAGIA

Me pregunto si el abortista acepta que él es un ser humano desde el momento de su concepción. Si no lo acepta, entonces él es el producto de un acto de magia.

¿UNA NUEVA ESPECIE DE VIDA?

Si supusiésemos, por un momento, que el niño recién concebido no es un ser humano, entonces tendríamos que hacernos la siguiente pregunta: ¿Quién es la criatura que crece en el vientre de su madre? Sólo hay dos posibles respuestas: 1) La criatura es una nueva especie de vida nunca antes identificada. 2) La criatura es un ser humano en los comienzos de la vida humana.

NO QUEDA OTRA COSA SINO CAMBIAR EL MUNDO

Si un hombre y una mujer piensan que el mundo no es apropiado para criar a un niño, entonces no tienen otra alternativa sino la de cambiar el mundo.

VER PARA CREER

Los que creen que el niño recién concebido no es un ser humano, no cambiarán de opinión sino hasta que vean que el producto inmediato de la concepción es una persona plenamente desarrollada.

EXPLICACIONES SOBRE EL ALMA

La explicación que nos lleva a comprender el hecho de que el ser humano evolucionó de la materia hasta formar su alma, es la misma explicación que nos lleva a comprender el hecho de que desde el momento de la concepción el ser humano empieza a enriquecer su alma.

BENEFICIARIO DE MÁS MILAGROS

El ser humano experimenta más milagros en el tiempo comprendido entre su concepción y su nacimiento, que los que experimentará en el tiempo comprendido entre su nacimiento y su muerte.

○ ○ ○ ○ ✧ ✧ ✧ ○ ○ ○ ○

FELICIDAD INOLVIDABLE

A lo largo de toda su vida, no hay mayor felicidad para un hombre que la que experimentó cuando su madre rechazó el aborto.

DESTRUCTOR DE LA ALEGRÍA

La alegría del recién concebido sólo es destruida por el aborto.

UNIDAD EN BASE A DIFERENCIAS

Es un atributo humano crear la unidad tomando como base nuestras diferencias individuales, incluyendo las diferencias entre los que van a nacer y los que ya han nacido.

LA VIDA SIGUE ADELANTE

Así como el niño recién nacido no puede volver al vientre de su madre, así tampoco el niño recién concebido no puede volver al espermatozoide de su padre ni al óvulo de su madre. La vida siempre marcha hacia adelante.

DOS DERECHOS ELIMINADOS

El aborto elimina el derecho a nacer, los anticonceptivos eliminan el derecho a ser concebido.

LA PUERTA A LA ETERNIDAD

La muerte no es la puerta a la eternidad, la concepción lo es.

NADA MÁS QUE UN SOLO NOMBRE

A fin de diferenciar las diversas etapas de su desarrollo, el hombre tiene por conveniente llamarse a sí mismo embrión, feto, bebé, niño, adolescente, adulto, anciano. La Naturaleza simplemente lo llama humano.

SECUENCIA VITAL

Sólo es asunto de tiempo para que el ser humano recién concebido nazca y muera. Es una señal de sabiduría respetar la secuencia de la vida.

NUESTRO DESARROLLO

Es propio del ser racional comprender que el desarrollo humano ocurre tanto en el vientre de una madre como en el mundo exterior. Nuestra incapacidad de comprender ese desarrollo pone en duda nuestra racionalidad.

PRIVACIÓN DE LA VIDA

El aborto es una privación de la vida por dos razones: Primero, porque impide al niño recién concebido vivir en el vientre de su madre durante los meses que él necesita para nacer; y segundo, porque impide al niño vivir en el mundo durante los años que él necesita para convertirlo en un mundo mejor.

EL PRIMERO DE LOS DERECHOS HUMANOS

El primer derecho de un ser humano, anterior al derecho a nacer, es su derecho a vivir en el vientre de su madre.

UNA OMISIÓN COMÚN

La gran mayoría de biografías casi siempre omiten la parte más importante en la vida de las personas: El tiempo que pasaron en el vientre de sus madres.

HONORABILIDAD

La honorabilidad de la concepción humana no depende del padre ni de la madre sino del niño recién concebido.

TRES SE HACEN UNO

Los padres y su recién concebido hijo son tan diferentes el uno del otro que para ellos es un verdadero reto formar una sola familia.

UNA TRANSACCIÓN POR SIETE MILLONES DE DÓLARES

Si la concepción de un niño fuese el resultado de una transacción financiera, por valor de siete millones de dólares, entre el padre y la madre, el aborto no existiría.

○ ○ ○ ○ ✦ ✦ ✦ ○ ○ ○ ○

EL NACIMIENTO DE LA PATERNIDAD

Para un hombre y una mujer la paternidad empieza en el momento en que el niño es concebido; en otras palabras, la paternidad nace cuando el niño es concebido.

DERECHO A LA ESPERANZA

Así como los padres tienen el derecho a las relaciones sexuales, así también un hijo tiene el derecho a ser concebido. Pero si alguien objetara que el que no existe no puede tener derechos, entonces tendríamos que concluir que las generaciones futuras no tienen derecho a esperar que la generación presente les deje un mundo donde puedan vivir.

LA VIDA ES DIGNA DE VIVIRSE

Toda persona tiene la responsabilidad de demostrarle al recién concebido que la vida es digna de vivirse.

"HACER EL AMOR" Y "HACER BEBES"

Cuando el aborto es una opción, los hombres y las mujeres caen en la torpeza de olvidarse de que "hacer el amor" puede resultar en "hacer bebes".

DEFENSORES DE LA VIDA

Todos los defensores de la vida humana fracasarán si primero no defienden la vida del niño que va a nacer.

¿QUÉ ES LO IMPORTANTE?

La píldora del día siguiente le demuestra al niño recién concebido que para sus padres lo importante no es él sino el placer sexual.

MUERTE DOBLE

La paternidad empieza en la concepción. Planear el aborto de una criatura recién concebida es planear la muerte de la criatura y de la paternidad.

PREMIOS

Si tuviésemos que otorgar un premio al mejor esfuerzo, tendríamos que dárselo al niño recién concebido por las maravillosas realizaciones que hace en sólo nueve meses. Y otro premio a los padres por su apoyo.

LOS PADRES LO SABEN

Si quieres saber en qué momento el recién concebido tiene vida, pregúntate desde qué momento tiene padre y madre.

UN OLVIDO CONVENIENTE

Cuando una mujer embarazada decide abortar porque no le es conveniente ser madre, se olvida de que ya es madre.

EL AMOR A LOS QUE VAN A NACER

Vivir en un mundo sin amar a los que van a nacer es como vivir en un mundo que no tiene comienzo.

DESEAR LO MEJOR

Así como una madre embarazada desea lo mejor para ella, así también ha de desear lo mejor para su hijo que va a nacer.

EL AMOR UNIFICA

Para robustecer el vínculo entre la madre embarazada y el hijo que va a nacer, ella debe amarlo desde el momento de la concepción.

DOS TIPOS DE DISCRIMINACIÓN

El racismo es una discriminación basada en la raza. El aborto es una discriminación basada en la edad.

ARTÍCULO DE FE

Los cristianos creen en Cristo desde que él estuvo en el vientre de su madre.

JUSTICIA PARA TODOS

Para que exista justicia social, ella tiene que aplicarse tanto a los que ya han nacido como a los que van a nacer.

EL DERECHO A PERTENECER

Los que van a nacer también son miembros de la humanidad.

2

EL QUE VA A NACER ES UN SER HUMANO

NECESIDADES HUMANAS

Antes de nacer, el ser humano requiere de la ayuda de su madre para atender a sus necesidades de desarrollo, en el mismo grado en que el ser humano ya nacido requiere de la ayuda de sus semejantes para atender a sus necesidades de desarrollo. Por tanto, las necesidades que tiene el ser humano antes de nacer no le quitan la calidad de humano.

VOCES Y ESPERANZAS DEL FUTURO

El niño que aún no nace y el niño de dos meses de nacido tienen la misma necesidad de que una voz hable por ellos, así como el pobre y el explotado tienen también necesidad de una voz que hable por ellos. Pero, mientras que el pobre y el explotado demostrarán su gratitud luchando contra el mundo viejo de miseria y hambre, el niño que aún no nace y el de dos meses de edad demostrarán su gratitud creando un mundo nuevo de justicia e igualdad.

EL MOMENTO DE ELEGIR

Cuando se trata de la procreación humana, el momento para que el padre y la madre ejerciten su derecho a elegir es antes de la concepción del niño. Una vez que el niño es concebido, termina el derecho a elegir, por cuanto ya no son dos personas sino tres.

LA LUZ DEL DÍA Y EL BEBE EN EL VIENTRE DE SU MADRE

Así como la luz del día avanza por el hemisferio opuesto hasta que la vemos en el amanecer, así el niño, en el vientre de su madre, avanza desde el momento de su concepción hasta que lo vemos en su nacimiento.

UN ASUNTO DE RECUERDOS

Para ser sincero, he de decir que no recuerdo nada de lo que yo hacía cuando estaba en el vientre de mi madre. Entonces, ¿por qué ahora los que están en el vientre de su madre pueden ser eliminados por no recordar lo que hacen en esa etapa de su vida?

SIN VOZ NI VOTO

Hay muchos grupos de personas por todo el mundo, especialmente entre los pobres, que no tienen ni voz ni voto en la promulgación de leyes que los afectan directamente. Uno de esos grupos es el de los niños que están por nacer.

NIVELACIÓN

Durante el tiempo de gestación, el hijo puede sobrevivir sin su padre, pero no sin su madre. El padre nivelará la situación apoyando siempre la vida de la madre y la del hijo.

LENGUAJE CORPORAL

Es verdad que el niño, en el vientre de su madre, no utiliza el lenguaje oral para comunicarse pero sí el lenguaje corporal; y la madre lo entiende perfectamente.

NO HAY EXCEPCIÓN

Todos los seres humanos poseen el instinto de supervivencia, y los que están en el vientre de sus madres no son la excepción.

UNA TRAICIÓN

Desde el vientre de su madre, el niño empieza a desarrollar su confianza en los beneficios de la profesión médica. El aborto es una traición a esa confianza.

PERDÓN

El remordimiento, que una madre siente después de un aborto, es la voz del hijo que no pudo nacer. Afortunadamente, la voz de Dios perdona a la madre con estas palabras: "Tu hijo y yo ya te perdonamos".

DOS CELEBRACIONES

No tiene mucho sentido que una madre y un padre celebren el nacimiento de su hijo si primero no celebraron su concepción.

EL VALOR DE LA VIDA HUMANA

La grandeza de la vida humana consiste en que el valor de la vida de un solo niño por nacer es igual al valor de la vida de toda la humanidad.

UN DOLOR MÁS PROFUNDO

La muerte de un ser querido siempre es causa de dolor; y cuanto más joven era el difunto, más grande es el dolor. Por tanto, la muerte del más joven entre los jóvenes, el niño que está por nacer, tiene que ser causa de un dolor aún mucho más profundo.

FUERTE PERO INDEFENSO

Aun cuando, en sus etapas iniciales, el niño por nacer demuestra una gran fortaleza para vivir, hemos de admitir que no tiene las defensas necesarias para sobrevivir la agresión del abortista.

PRODUCTIVIDAD

Nadie puede decir que el niño que va a nacer es improductivo. Él produce una inmensa alegría a sus padres y una gran expectativa a los demás familiares.

TODOS LO PUEDEN VER

La tecnología médica nos permite, hoy en día, ver al niño aún no nacido en la pantalla de una computadora. De modo que, ¿cómo puede alguien decir que ese niño no es un ser humano porque no se le puede ver?

VER VS. SENTIR

La prueba más contundente de la presencia de alguien no es tanto la vista sino el sentimiento. Y, con toda seguridad, una madre puede sentir la presencia del hijo en su vientre.

DEPENDENCIA

A lo largo de su vida, el ser humano es dependiente psicológica y físicamente de otros seres humanos, especialmente cuando está en el vientre de su madre.

AMAR AL NIÑO

Si yo dijese que no amo al niño que está por nacer, ¿cómo podré decir que amo a los que ya han nacido?

UN ACTO TERRORISTA

Es difícil imaginar el terror que siente el niño, que está por nacer, ante el ataque del abortista. Es aún más difícil entender por qué a este ataque no se le califica como un acto terrorista.

MUERTO DE MIEDO

El niño que va a nacer es tan delicado que si lograse sobrevivir el procedimiento del aborto, talvez no podría sobrevivir al miedo.

LA LUCHA POR LOS DERECHOS HUMANOS

Por siglos, se les negó a los seres humanos muchos derechos, tales como el derecho a tener un trabajo bien remunerado, el derecho a votar, el derecho a la libertad de expresión y otros. La lucha social les permitió alcanzar esos derechos. En nuestros días, se le niega al niño que está por nacer, el derecho a la vida. La lucha por la supervivencia humana nos permitirá alcanzar ese derecho.

SABER ESCUCHAR

Cuando se trata de escucharle a la Madre Naturaleza, nadie lo hace mejor que el niño que va a nacer; él sale del vientre de su madre cuando la Madre Naturaleza se lo dice.

¿PUEDE EL NACIMIENTO CREAR DESIGUALDADES?

Es triste decir que el nacimiento de los seres humanos pueda ser causa de desigualdad entre ellos. He aquí la ficticia desigualdad: Que el niño concebido que aún no nace, no es un ser humano; mientras que el niño concebido que logra nacer, sí es un ser humano.

NO HAY DIFERENCIA

Si yo creyese que mi naturaleza humana es diferente a la del niño que va a nacer, no tardaré mucho en llegar a la conclusión de que mi naturaleza humana también es diferente a la de una persona de cien años de edad.

¡QUÉ MARAVILLOSAS EMOCIONES!

Todos sabemos que el niño que va a nacer no se comunica mediante palabras sino mediante las emociones que suscita en nosotros. ¡Qué maravillosas son las emociones de una madre cuando ella se entera de que va a traer al mundo a un hijo! ¡Qué maravillosas son las emociones de la humanidad al saber que su supervivencia depende de los que van a nacer!

ORACIONES DE ESPERANZA

La humanidad se percata de la necesidad de la oración en el momento en que una madre embarazada piensa en abortar a su hijo. Y, es muy probable, que esas oraciones llenen de esperanza a aquellos que van a nacer.

EL QUE TOMA LA VIDA EN SERIO

Una mujer embarazada puede decir que tiene el derecho a abortar. La sociedad puede decir: "No podemos alimentar una boca más". El único que está seriamente a favor de la vida es el niño que instintivamente hace todos los esfuerzos posibles para nacer.

HUMANOS Y NO HUMANOS

Puede haber miles de hombres matándose los unos a los otros durante nueve meses de guerra, y no dudamos en decir que son seres humanos. Pero cuando un niño crece pacíficamente en el vientre de su madre durante nueve meses, tenemos la insolencia de decir que no es humano.

TIENE QUE GOZAR LA VIDA

Si el niño que está por nacer supiese que va a ser abortado, él trataría de gozar al máximo el tiempo que le queda en el vientre de su madre.

○ ○ ○ ○ ✧ ✧ ✧ ○ ○ ○ ○

DERECHO A APELAR

Los sentenciados a la pena de muerte tienen el derecho de apelación, pero el niño que es sentenciado a muerte mediante el aborto, ha sido despojado de ese derecho.

○ ○ ○ ○ ✧ ✧ ✧ ○ ○ ○ ○

LA ADOPCIÓN

Los padres que deciden terminar la vida de su hijo mediante el aborto, se olvidan que hay familiares y amigos que estarían encantados de adoptar al niño.

EL MÁS VIRTUOSO

Si la humildad es la más grande de las virtudes, el niño en el vientre de su madre es el más virtuoso de todos los seres humanos.

"CUANDO DOS O MÁS SE REUNEN..."

Cuando una madre embarazada se siente sola y abandonada, puede siempre recurrir a la consoladora promesa de Cristo: "Cuando dos o más personas se reúnen en mi nombre, ahí estoy yo entre ellos". Esa es la más cálida ofrenda de amor que el niño que va a nacer dedica a su madre.

LUCHA DE CLASES

Gracias al hecho de haberse organizado en sindicatos, los trabajadores han podido conquistar valiosos derechos laborales. Estoy convencido de que si los niños que están por nacer hubiesen podido organizarse, ya habrían conquistado el derecho a nacer. Pero mientras los trabajadores tienen que luchar contra sus empleadores, los niños que están por nacer tienen que luchar contra sus propios padres.

MORAL Y ESPIRITUALMENTE

No hay duda de que el niño abortado es moral y espiritualmente superior al abortista. En el momento del aborto, el niño perdona a su verdugo.

EJEMPLO DE UNIDAD

Los niños que están en el vientre de sus madres dan al resto de la humanidad el mejor ejemplo de unidad: A todos ellos los une el deseo de nacer.

AGRESIÓN

La forma más grave de agresión es el aborto, no sólo porque la agresión va contra la más indefensa de las víctimas (el niño que va a nacer), sino, además, porque la agresión es permitida por un poderoso agresor – el Estado.

UN JUICIO CONTRA EL PODER JUDICIAL

Un sistema judicial demuestra su idoneidad cuando garantiza que ningún ser humano será hallado culpable excepto si se prueba lo contrario más allá de toda duda razonable. ¿Qué podemos, por tanto, decir de un sistema judicial que no solamente declara culpable a un inocente niño que está por nacer, sino que además lo condena a la pena de muerte mediante el aborto?

DOS EXPECTATIVAS RAZONABLES

Una madre espera que su hijo respete la vida siempre. El niño que va a nacer espera que su madre respete la vida, al menos, durante nueve meses.

AUTOSUFICIENCIA

Si dijésemos que el niño por nacer no es un ser humano porque no puede depender de sí mismo, ¿diríamos acaso que los millones de pobres que no pueden depender de sí mismos tampoco son seres humanos?

CONVENIENCIA EGOÍSTA

Un asunto de conveniencia y egoísmo: Es más barato monetariamente y menos problemático emocionalmente, eliminar a un niño antes de que nazca, que mantenerlo y criarlo después de que nazca.

LAS PRIMERAS ORACIONES

Lo primero que un niño abortado hace al llegar al cielo es rezar para que su madre no tenga más abortos.

UNA PROPUESTA EQUITATIVA

"Mamá – dijo el niño desde el vientre de su madre – si tú me cuidas por nueve meses, yo te cuidaré por toda tu vida".

¿POR QUIÉN LLORA EL NIÑO?

Estoy convencido de que la víctima de un aborto no llora por él, llora por sus padres.

LO QUE LA MADRE SABE

Cuando un médico dice a una mujer embarazada que su vida correría peligro si llevase a término el embarazo, también debe decirle que el niño no tiene la culpa de ello. La madre sabe que su hijo por nacer no le desea ningún mal y que él comprende cualquier decisión que ella tome.

LO QUE TODOS TENEMOS

El niño por nacer sólo desea lo que todos ya tenemos: ¡LA VIDA!

REGALOS DESPERDICIADOS

Todos los regalos que una sociedad tiene listos para un niño que va a nacer, se desperdiciarán si la madre decide tener un aborto.

VÍCTIMA DE UNA DOBLE SEPARACIÓN

Cualquier separación, ya sea emocional o física, es dolorosa para una persona adulta. ¿Puede usted imaginarse cuán doloroso es para el niño que va a nacer ser víctima de ambas separaciones?

BATALLAS

Todos tenemos muchas batallas que librar; el niño que está por nacer sólo lucha para nacer.

EL ALMA EVOLUCIONA

La mejor prueba de que el alma humana evoluciona, la encontramos en el niño que está en el vientre de su madre; si no fuese así, todos naceríamos sin alma.

UNA FARSA

Si no amamos a los niños que van a nacer, nuestro amor por la humanidad es una farsa.

ACCIONES DEL CORAZÓN

Si una mujer viese a un mendigo tirado en el suelo retorciéndose en silencio, víctima de un ataque al corazón, ¿no podría ella al menos usar su teléfono celular para llamar al 911? Entonces, ¿por qué una mujer embarazada no puede tener el corazón de escuchar al hijo en su vientre que en silencio le suplica nacer?

NO ES NECESARIO PRESENTAR PRUEBAS

El niño en el vientre de su madre no necesita probarle a ella que él es un ser humano, ella simplemente lo sabe.

DEPENDENCIA TOTAL

Si es verdad lo que dicen los abortistas que el niño por nacer no es un ser humano porque depende totalmente de su madre para sobrevivir, entonces tendremos que concluir que nadie es un ser humano porque todos dependemos totalmente de los demás para sobrevivir.

¿EN QUIÉN CONFIAR?

Si el niño que va a nacer no puede confiar en sus padres para poder sobrevivir, entonces, ¿en quién puede él confiar?

ESCUCHAR EN SECRETO

Cuando una mujer embarazada habla con el abortista acerca del aborto, ella debe tener en cuenta que el hijo en su vientre puede escuchar que matar es una necesidad.

EL MÁS HERMOSO REGALO

Durante su estadía en el vientre de su madre, el niño se ocupa en preparar el regalo más hermoso que la humanidad puede recibir: El niño mismo.

INCOMPLETA

El aborto de un solo niño hace que la humanidad quede incompleta.

○ ○ ○ ○ ✧ ✧ ✧ ○ ○ ○ ○

UN DESALOJO Y UN ABORTO

Un desalojo puede arrojar al inquilino a la calle. Un aborto, de hecho, arroja al niño a la muerte.

○ ○ ○ ○ ✧ ✧ ✧ ○ ○ ○ ○

ORAR EN SILENCIO

Mucha gente hace sus oraciones en silencio pero nadie las hace mejor que el niño en el vientre de su madre.

NO PODRÁ VER LA BELLEZA

Aquel que sólo ve la belleza en el cuerpo y no en el alma, nunca podrá ver la belleza del niño que va a nacer ... ni la belleza de nadie.

CONSUELO

Las víctimas del aborto han encontrado consuelo en el siguiente texto bíblico: "No temas a los que pueden matar al cuerpo, pero no al alma".

EL HACER Y EL SER

Es cierto que no podemos esperar que un niño por nacer haga las cosas que hacen las personas adultas; pero es plenamente cierto que el niño por nacer es lo que las personas adultas son.

RUPTURA

El aborto es la ruptura de la más íntima unión entre dos seres humanos: El niño que va a nacer y su madre.

DOS EN UNO

El embarazo es una visualización de la unidad porque presenta a dos seres humanos en uno.

PRUEBA VIVIENTE

Los niños que van a nacer no tienen que probar que son humanos, por cuanto, los que ya han nacido son prueba viviente de ello.

CORAZÓN COMPASIVO

El niño que va a nacer muestra un cerebro en proceso de desarrollo, pero su corazón muestra tener más compasión que el del abortista.

DIFICULTADES EN EL RECONOCIMIENTO

Si los hombres tienen dificultades para reconocer su propia alma, no es extraño que ellos se nieguen a reconocer el alma del niño que está por nacer.

SER AMADO

Uno de los retos más difíciles que nos presenta el amor consiste en dejar que otros nos amen. En este sentido, el niño en el vientre de su madre es un experto en dejar que otros lo amen.

"TRÁGAME TIERRA"

A veces los adultos cometemos errores que nos hacen decir "trágame tierra". El niño en el vientre de su madre no comete esos errores.

INTERCAMBIO DE ORACIONES

El hijo que va a nacer reza por la salud física y mental de su madre. La madre reza por su propia salud física y mental para que ella nunca recurra al aborto.

FE TRIDIMENSIONAL Y FE UNIDIMENSIONAL

El niño que va a nacer tiene una fe tridimensional: Fe en él mismo, fe en su madre y fe en Dios. Una vez que nace, el mundo egoísta, le enseña que solo existe una fe: ¡La fe en él mismo!

INMUNIDAD

El suicidio siempre ha sido, de una manera u otra, el resultado de algún estado de insania, estado del cual el niño por nacer nunca ha sido víctima.

UNA GRAN VALENTÍA

Es una señal de gran valentía que el niño en el vientre de su madre se atreva a nacer en un mundo como el nuestro.

"TÚ Y YO CONTRA EL MUNDO"

En momentos de crisis cuando una madre embarazada piensa en el aborto, ella necesita escuchar a su hijo por nacer que le dice: "Madre, tú y yo contra el mundo".

EL MEJOR MODELO

La madre es el primer y mejor modelo para el hijo que va a nacer, por eso ella debe permitirle nacer.

UN LLANTO Y UNA SONRISA

El dolor es la señal más certera de que estamos vivos, de otra manera, el partero no le daría una palmada en las nalgas al recién nacido.

COMPAÑÍA

El recién nacido ya conoce el valor de la compañía humana: Lo aprendió durante nueve meses en el vientre de su madre.

LA MADRE DICE NO

Gracias a los avances médicos en el cuidado prenatal, el niño en el vientre de su madre tiene la tasa más baja de mortalidad; asumiendo, por supuesto, que la madre se niegue a tener un aborto.

LOS TIEMPOS FELICES

Al nacer, el niño se da cuenta de que los tiempos felices quedaron atrás.

VOTO DE OBEDIENCIA

El niño en el vientre de su madre jura obediencia absoluta a ella; él no puede decir no, si ella decide tener un aborto.

DOBLE CRITERIO

No podemos decir que el niño en el vientre de su madre no es un ser humano por el hecho de estar bajo el control absoluto de su madre. Muchos hombres en el mundo están bajo el control absoluto de sus opresores y no por eso dejan de ser humanos.

MIEDO

La simple idea del aborto hace que el niño que va a nacer tenga miedo de sus propios padres.

UN DEFENSOR

Por cuanto, yo estuve una vez en el vientre de mi madre, hoy en día no puedo evadir mi responsabilidad de defender a los niños que están en el vientre de sus madres.

DESPEDIDA Y BIENVENIDA

El nacimiento de un niño es uno de esos acontecimientos de la vida en que la despedida coincide con la bienvenida. El recién nacido se despide del vientre de su madre y la madre le dice: "Bienvenido al mundo exterior".

UNO ES LIBRE, EL OTRO NO LO ES

Durante los nueve primeros meses de vida, el niño que va nacer está libre de las arbitrariedades de la ley, pero su madre no.

LAS OBRAS HABLAN

El niño en el vientre de su madre demuestra con su ejemplo que es mejor predicar con obras que con palabras.

MÁS COMPASIVO

El niño que está por nacer es más compasivo que muchos otros seres humanos; él nunca aprobaría el aborto.

AMOR MATERNO

Una mujer embarazada ama tanto al hijo que lleva en su vientre que ella está convencida de que él ya conoce las experiencias de la vida, mientras que ella recién está conociendo las experiencias de una madre.

UNA RAZÓN PARA REZAR

Estoy convencido de que el niño en el vientre de su madre no tiene ningún deseo de morir. Es por eso que siempre rezo por las madres embarazadas para que ellas respeten los deseos del hijo en sus vientres.

LOS HORRORES DEL ABORTO

Es natural que el recién concebido nazca y muera algún día. Lo que no es natural es que el recién concebido muera antes de nacer por decisión de sus propios padres.

DOLOR COMPUESTO

Además del dolor físico que ocasiona la muerte por aborto, el niño abortado sufre el dolor mental de morir a manos de sus propios padres.

LA MAYOR CONTRIBUCIÓN

Nadie puede negar que el niño que va a nacer contribuye al bienestar de la humanidad – gracias a él, se perpetua el género humano.

CUERPO Y ALMA

El niño que está por nacer, así como cualquier otro ser humano, necesita desarrollar su cuerpo y proteger su alma.

SABIDURÍA

La mujer embarazada sabe que ella y el hijo en su vientre tienen igualdad de derechos humanos.

COMPARTIR TODO

El niño en el vientre de su madre sabe mucho sobre lo que es compartir, él comparte todo con su madre.

NUNCA ES TEMPRANO PARA APRENDER

Las dificultades que pueda tener en el vientre de su madre le darán al niño la capacidad de aprender a resolver problemas, excepto, por supuesto, si la madre decide tener un aborto.

NUNCA DEJAMOS DE COMPARTIR

Así como el niño que va a nacer comparte todo con su madre, así también el que ya ha nacido debe compartir todo con todos los demás.

LOS PADRES DAN DE LO QUE SON

Si creemos que los padres del niño recién concebido son seres humanos, tenemos que creer que el recién concebido es también un ser humano.

CONSISTENCIA PARA NEGAR

Una sociedad que trata a los individuos adultos como si no fuesen humanos, demuestra consistencia cuando también trata a los niños por nacer como si no fuesen humanos.

DOS MUNDOS MARAVILLOSOS

El milagro de la maternidad consiste en hacer que el niño salga del maravilloso mundo del vientre de la madre a un mundo que el niño hará maravilloso.

"PERDÓNAME" – DICE EL BEBÉ

El malestar que una madre embarazada siente por las mañanas es el medio que usa el bebé para hacer que su madre practique la virtud del perdón.

SE PUEDE SENTIR

Yo puede sentir el gozo del niño cuando su madre decide no abortarlo.

AMOR INTERESADO

El niño en el vientre de su madre es el más interesado en la salud de su madre porque de la salud de ella depende la salud de él.

ESFUERZOS INÚTILES

Todos los esfuerzos que por nacer hace el niño en el vientre de su madre, serán inútiles si ella decide tener un aborto.

DEPENDENCIA MENOR

Entre todos los seres humanos, el niño en el vientre de su madre presenta el menor grado de dependencia, en comparación con los demás. Él depende sólo de su madre, los demás dependemos de la sociedad entera.

EXPERIENCIA EN TRABAJO EN EQUIPO

Una de las virtudes del niño que va a nacer es que cuando nace ya tiene experiencia en el trabajo en equipo.

INDIVIDUALIDAD

Así como no hay dos hombres que sean exactamente iguales, así también, no hay dos niños por nacer que sean exactamente iguales.

DOS CUERPOS A CUIDAR

Una mujer embarazada tiene la responsabilidad de cuidar a dos cuerpos: El de ella y el del hijo en su vientre. Y la ciencia médica tiene la responsabilidad de ayudar a madre e hijo en esta tarea.

LA RIQUEZA Y EL BIENESTAR

Si la riqueza se usase para el bienestar de todos, no existiría el aborto, por cuanto, el niño que va a nacer compartiría de la riqueza.

TIENEN QUE VERLO EN LA TV

De acuerdo con las normas de la vida moderna, algunas personas no creerán que el niño por nacer es un ser humano, sino hasta que lo vean en la TV.

HOY POR TI, MAÑANA POR MÍ

Por cuanto el niño que va a nacer no puede rezar por él mismo, nosotros tenemos que rezar por él.

DIFERENCIA COGNOSCITIVA

La diferencia cognoscitiva entre el niño que va a nacer y el que ya ha nacido, radica en que, mientras el primero conoce a su madre plenamente, el segundo tienen que empezar a conocerla de nuevo.

BARRERAS BUROCRÁTICAS

Así como un inmigrante indocumentado es un ser vivo que todavía no tiene su tarjeta de residencia, así también el niño que va a nacer es un ser vivo que todavía no tiene su partida de nacimiento.

EL DERECHO DE EXPRESIÓN

Una madre sabe que el hijo en su vientre goza del derecho de expresión porque el que va a nacer no necesita de palabras para expresarse.

LA CONQUISTA DE LA IGUALDAD

En un pasado no muy lejano, las esposas eran tratadas como una simple posesión del esposo, hasta que ellas se rebelaron y conquistaron la igualdad de derechos. De igual manera, cuando las mujeres salen embarazadas, tienen que comprender que el niño en su vientre no es una posesión de ellas sino un ser humano con derechos iguales.

DESNUDEZ

Los niños que están en el vientre de sus madres son la imagen de Adán y Eva en el Jardín del Edén: Están desnudos.

MUY ORGULLOSOS PARA ACEPTARLO

Los que fomentan el aborto no pueden aceptar el hecho de que, tanto ellos como los niños que van a nacer, tienen que hacer progresos si quieren seguir viviendo.

¿UN FANTASMA?

Una madre que elige el aborto, dirá: "es mi cuerpo". Pero, cabe preguntarnos: "¿y qué podemos decir del cuerpo del que va a nacer, es acaso un fantasma?

¿DOS CORAZONES EN UN CUERPO?

Una madre que elige el aborto, dirá: "es mi cuerpo". ¿Está ella hablando de un cuerpo con dos corazones? ¡No, ella está hablando de dos cuerpos!

ALGO ANDA MAL

Algo está mal cuando los humanos se esfuerzan por ser humanitarios con los adultos pero no con los que van a nacer.

LA UNIDAD DE LA MATERNIDAD

Entre la madre embarazada y el hijo que va a nacer no existe superioridad ni inferioridad, solamente, maternidad.

AMOR UNIVERSAL

El amor al prójimo incluye al que va a nacer.

○ ○ ○ ○ ✧ ✧ ✧ ○ ○ ○ ○

RESPETO

Si el niño en el vientre de su madre pudiese debatir el tema del aborto con ella, es muy probable que él concuerde con ella para demostrarle que los niños deben respetar a sus madres.

○ ○ ○ ○ ✧ ✧ ✧ ○ ○ ○ ○

RUPTURA DE LA COMUNICACIÓN

El aborto es, en alguna manera, una ruptura de las comunicaciones entre la madre y el niño que va a nacer.

UNA VÍCTIMA DE LA POLÍTICA

Por no tener ni voz ni voto, el niño que va a nacer pierde toda representación ante los poderes del Estado.

EL NACIMIENTO DE UN MÁRTIR

Una madre embarazada debe saber que al recurrir al aborto, ella hace del hijo en su vientre un mártir.

3

EL ABORTO LEGALIZADO

LA ELIMINACIÓN DE LOS EFECTOS DESTRUCTIVOS DEL ABORTO

1. Las devastadoras consecuencias del aborto no resultan tanto de haber tenido un aborto como de haberse convertido en una defensora del aborto. Por tanto, para poner fin al aborto es necesario hacer el compromiso de no volver a practicarlo.
2. Toda mujer que haya tenido un aborto ha de saber que la naturaleza humana tiene el poder de regenerarse a sí misma, así como Dios tiene el poder de perdonar siempre.

CONDICIONES PARA EL ABORTO LEGALIZADO

Para que un gobierno legalice el aborto se requiere de tres condiciones, a saber:

1. La incapacidad o negativa de su sistema socioeconómico para satisfacer las necesidades de la creciente población.
2. Una ciencia médica lo suficientemente avanzada como para asegurar la muerte del no nacido sin causar mayores daños físicos a la madre.
3. La aceptación colectiva de la creencia de que los que van a nacer no son humanos.

INSTINTO DE SUPERVIVENCIA

Con excepción de los desórdenes mentales extremos que pueden conducir al suicidio, el ser humano siempre lucha por su supervivencia. El instinto de supervivencia – así como todos los instintos humanos – se forma en el vientre de la madre. El aborto es la primera y la última derrota que sufre el que va a nacer a quien su instinto de supervivencia no le ayuda en nada.

SIN JUSTIFICACIÓN

Cuando se piense que existe una razón que parezca justificar el aborto, esa razón debe examinarse cuidadosamente con los ojos de la compasión humana, y se descubrirá que no existe tal justificación.

CONCIENCIA PATERNAL

La Ley regula la conducta externa de los hombres, pero no la conciencia de ellos. Por tanto, el problema del aborto no podrá ser corregido por la ley sino por los padres cuando ellos tomen plena conciencia de que el aborto equivale a terminar la vida del que va a nacer.

LA INCAPACIDAD DE UN SISTEMA ECONÓMICO

Cuando una mujer embarazada se siente obligada a abortar debido a que el sistema económico no le permitirá atender a las necesidades físicas del hijo por nacer, entonces es necesario terminar con ese sistema en razón de su incapacidad para atender a la más elemental de las necesidades humanas.

ACCIÓN DE GRACIAS

El primer acto de acción de gracias de los que estamos vivos, lo debemos a la madre que no nos abortó cuando estábamos en su vientre.

UNA LESIÓN CONTRA LA MADRE

El aborto lesiona la integridad humana de la madre, por cuanto, en una sociedad donde se permite que la madre, mediante el aborto, termine la vida de su bebé por nacer, ¿cómo puede esperarse que ella esté preparada para respetar la vida de otros seres humanos – incluyendo la de otros bebés por nacer?

SIN PROTECCIÓN

Una vez que se legaliza el aborto, ya no podemos esperar que la ley proteja la vida en ninguna de las etapas del desarrollo humano.

EXPECTATIVA DE VIDA

Cuando se legaliza el aborto, la duración de la vida de un niño que va a nacer no depende de la ciencia médica… depende de la ley.

NO ES UN CUENTO PARA NIÑOS

El aborto legalizado ha convertido a la niña que va a nacer en una "Caperucita Roja"… con la variación de que la madre hace el papel del lobo.

NOBLE ESPÍRITU

Por el aborto legalizado el niño que va a nacer tiene la oportunidad de demostrar su noble espíritu: Se abstendrá de denunciar a sus padres por homicidio.

UN PRECIO A PAGAR

El aborto legalizado es el precio que paga el niño que va a nacer por hacerles recordar a sus padres de sus responsabilidades paternas.

DISCRIMINACIÓN LEGAL

Cuando una sociedad discrimina contra el pobre en favor del rico, contra el débil en favor del poderoso; es de esperarse que la ley discrimine contra el no nacido en favor del que ya nació.

UN ASUNTO DE CONCIENCIA

Cuando no se respeta la vida, el aborto deja de ser un asunto de conciencia.

CONCIENCIA TRANQUILA

Con la legalización del aborto se pretende declarar que cuando se elimina a alguien, la conciencia puede quedarse tranquila.

◦◦◦◦ ✧✧✧ ◦◦◦◦

LEGALIZACIÓN

La legalización del aborto significa que la ley se ha tomado la prerrogativa de perdonar los pecados... ¡legalizándolos!

LO QUE NO ES UNA OPCIÓN

La humanidad ha sido capaz de sobrevivir hasta ahora porque ha elegido la vida sobre la muerte. Por tanto, el aborto no es una opción.

UN CREDO FALSO

El xenófobo y el abortista
aceptan a primera vista
que el no nacido y el extranjero
vienen a robarles su pan y su dinero.

○ ○ ○ ○ ✧ ✧ ✧ ○ ○ ○ ○

UNA PODEROSA ALIADA

La vida pierde una poderosa aliada en cada mujer que se declarara en favor del aborto.

○ ○ ○ ○ ✧ ✧ ✧ ○ ○ ○ ○

ELIMINACIÓN

Los que están en favor del aborto han alcanzado un éxito rotundo en eliminarse ellos mismos de la carrera por la paz, la justicia y la vida.

LO QUE NOS PERDEMOS

Si los millones de bebes abortados hubieran nacido, es muy probable que entre ellos tendríamos ahora grandes científicos que ya habrían encontrado la cura para el cáncer; grandes economistas, sociólogos y educadores que ya habrían erradicado el aborto.

LA VOZ DEL ABORTO LEGALIZADO

La ley que aprueba el aborto solemnemente declara: "A todas las madres embarazadas del mundo, les advierto que ustedes son la última línea de defensa para sus hijos por nacer, porque yo, la ley todopoderosa, he decidido matarlos".

DOS PUNTOS DE VISTA

El aborto en el cuartucho del curandero es diferente al aborto en el hospital, desde el punto vista médico, por supuesto. Pero desde el punto de vista humano, los dos son exactamente iguales: Los dos matan tanto al bebé como a las almas de todos los involucrados.

ATAQUE AL CORAZÓN

La legalización del aborto ataca al mismísimo corazón de la profesión médica: favorece la muerte en contra de la vida.

OPCIONES

La vida abre todas las opciones; el aborto las cierra todas.

REUNE LOS ELEMENTOS

El causar la muerte a un ser humano se tipifica como homicidio cuando concurren los siguientes elementos: Intencionalidad, premeditación y ejecución. Esos elementos están presentes en el aborto.

IGNORANCIA

El ignorar a Dios conduce a la ignorancia de la Naturaleza, y la ignorancia de la Naturaleza conduce a toda clase de aberraciones humanas.

INSTRUMENTO DE OPRESIÓN

La Ley se convierte en un instrumento de opresión cuando le niega al niño aún no nacido el derecho a nacer.

PODERES GENOCIDAS

En un país donde el aborto es legal, la muerte de millones de niños por nacer es una denuncia contra los poderes genocidas de la Ley.

DEPENDE DE LOS PADRES

Sabemos que "la ley sirve al hombre, no el hombre a la ley". Depende de los padres del niño por nacer, demostrar que la ley no tiene poder para destruir la vida.

¿QUIÉN HABLA MÁS FUERTE?

La procreación es la voz de la vida. El aborto es la voz de la muerte. La legalización del aborto indica que la muerte habla más fuerte que la vida.

PRETEXTOS

La existencia de demasiadas bocas que alimentar es el pretexto que da un inepto sistema económico para legalizar el aborto.

EL ABORTO Y LA GUERRA

El aborto es la refutación a la creencia de que sólo en la guerra los hombres se matan sistemáticamente los unos a los otros.

UN DIOS DE LA MUERTE

Hay algunos grupos religiosos que aceptan el aborto. Esos grupos adoran a un dios de la muerte.

HAY QUE PONERLE FIN

Para poner fin a los abusos contra los que van a nacer, los padres tienen que rechazar el aborto.

ARMA LETAL

Nunca a nadie se le habría ocurrido pensar que nuestros centros de salud utilizarían el arma de destrucción masiva más letal: el aborto.

METAMORFOSIS

El aborto es la metamorfosis del instinto primitivo de matar animales para la supervivencia de nuestra especie, en el hábito de matar a otros seres humanos para la destrucción de nuestra especie.

○ ○ ○ ○ ✧ ✧ ✧ ○ ○ ○ ○

PAZ DE CONCIENCIA

La mentira colectiva de que el aborto no es la muerte de un ser humano, sólo adormece la conciencia de la madre. La verdadera paz de conciencia se obtiene cuando la madre se propone no tener otro aborto nunca más.

○ ○ ○ ○ ✧ ✧ ✧ ○ ○ ○ ○

VIDA SIN VALOR

El aborto legalizado sólo puede existir en una sociedad que considera que la vida no tiene ningún valor – incluyendo la vida de la madre.

○ ○ ○ ○ ✧ ✧ ✧ ○ ○ ○ ○

DESTRUCCIÓN SISTEMÁTICA

A lo largo de millones de años de evolución, el hombre logró elevarse del nivel del reino animal al nivel del reino humano. Sin embargo, al recurrir a la guerra y al aborto, el hombre se está hundiendo a niveles más bajos que los del reino animal, por cuanto, no existe ninguna especie animal en la que sus individuos se destruyen sistemáticamente entre ellos mismos.

○ ○ ○ ○ ✧ ✧ ✧ ○ ○ ○ ○

A LA CAZA DE SÍ MISMOS

El aborto y la guerra han convertido al ser humano en un formidable animal de presa, cuyas presas son otros seres humanos.

SÓLO LOS PADRES PUEDEN HACERLO

La derogación de las leyes que permiten el aborto no es suficiente para poner fin al aborto. Sólo la decisión de los padres podrá ponerle fin.

NO HAY DEFENSA PROPIA

El beneficio de la defensa propia no puede ser aplicado en favor de aquellos que recurren al aborto ni a favor de la sociedad que lo legaliza.

POR FIN SE ENCONTRÓ

Finalmente, el mundo ha encontrado una forma de eliminar a seres humanos sin que eso se considere un crimen: ¡Eliminándolos antes de que nazcan!

LOS TIEMPOS CAMBIAN

Cuando la raza humana hizo su aparición sobre la faz de la tierra, los padres asumían la responsabilidad de proteger a sus hijos. En nuestros días, los padres han rechazado esa responsabilidad – recurren a la legalidad del aborto.

SABIA IGNORANCIA

Todas las especies de animales protegen a sus crías. Todavía no han aprendido nada sobre el aborto.

EXTIRPACIÓN DE LO HUMANO

Aun cuando no hubiese nada divino en la vida humana, el aborto siempre será la extirpación de lo humano que hay en la vida humana.

LA VOZ DE LA CREACIÓN

La vida es la voz de la creación. El aborto es la extinción de la voz de la creación.

NACIMIENTO Y FUNERAL

El nacimiento de un niño es la expresión más jubilosa del poder creador del hombre. El aborto es el funeral de ese poder creador y del hombre mismo.

CÉLULAS CANCEROSAS

Una vez que el organismo de la humanidad es afectado por las células cancerosas del aborto, no pasará mucho tiempo para que el cáncer se propague a las células de la paz, de la justicia y de todo lo bueno que pueda haber en el organismo de la humanidad.

UNA BUENA RAZÓN

El aborto no es abominable porque Dios lo prohíbe; Dios lo prohíbe porque el aborto es abominable.

DIOS NOS ESCUCHA SIEMPRE

A aquellos que oran para que el aborto termine, Dios les concede la vida. Y a aquellos que oran para que el aborto continúe, Dios también les concede la vida. Pero éstos juran nunca más volver a pedir nada a Dios.

EL ABORTO NIEGA LA CIENCIA

El conocimiento científico demuestra que tanto la vida antes del nacimiento como la vida después del nacimiento están llenas de realizaciones maravillosas. El aborto no sólo frustra las realizaciones en ambas etapas de la vida, sino que además es la negación del propio conocimiento científico.

°°°° ✧✧✧ °°°°

UNA SENTENCIA IRREVOCABLE

No importa cuantas veces un niño por nacer declare su inocencia, no importa que pruebe que está rehabilitado, no importa que haya probado su buena conducta; todo eso es irrelevante. Los padres acaban de declarar que ellos no quieren a su hijo por nacer, y eso equivale a una sentencia irrevocable.

EL ABORTO DE LA VERDAD

Aquellos que creen que han tenido éxito en justificar el aborto, solamente han tenido éxito en hacer abortar a la verdad.

¡QUÉ MANERA DE EMPEZAR!

Una sociedad que busca una justificación para eliminar a los ancianos, empieza eliminando a los que van a nacer.

SIN RAZÓN DE EXISTIR

La razón primordial por la que existe el Estado es la protección de la vida de sus ciudadanos. Al legalizar el aborto, el Estado pierde su razón de existir.

CONTROL SEXUAL

Si los hombres y las mujeres tuviesen control sobre sus impulsos sexuales, como debería ocurrir en los seres humanos, no existiría el aborto.

LO QUE NO ES LA LIBERTAD

Pensar que el aborto es una expresión de la libertad, nos conducirá a pensar que la destrucción de la humanidad también es una expresión de la libertad.

DESPOJO IMPERATIVO

Cuando una ley del Estado otorga a los padres el derecho a eliminar al niño que va a nacer por ser éste una inconveniencia para aquellos, entonces, se hace imperativo despojar al Estado de la autoridad para promulgar leyes.

NEGACIÓN DOBLE

Todo ser humano tiene derecho a un futuro. El aborto niega ese derecho no sólo al niño que está por nacer, sino además a toda la humanidad.

LA PRIMERA Y LA ÚLTIMA

Si el aborto fuese un elemento de la naturaleza humana, la raza humana se habría extinguido con la primera pareja.

PARA PENSARLO DOS VECES

No es raro escuchar a un anciano decir que le gustaría volver a ser joven. Sí, y por qué no, tan joven como un niño que está en el vientre de su madre. Pero en un mundo donde el aborto es legal, ese anciano tendrá que pensarlo dos veces.

IGNORANCIA INTENCIONAL

Es un principio de Derecho Penal que la ignorancia de ciertos hechos es un factor atenuante de la culpabilidad, siempre y cuando dicha ignorancia no sea intencional. Cuando al autor de la ley que permite el aborto, se le acusa de homicidio, él se defiende diciendo que es inocente en razón de su ignorancia del hecho de que la vida humana empieza en la concepción. Pero en este caso el autor de la ley no puede alegar ignorancia porque su ignorancia es intencional.

EN LA PENUMBRA DE LA NOCHE

En la penumbra del anochecer un cazador mata a un hombre pensando que era un venado. En la oscuridad de la civilización, la ley que permite el aborto mata a millones de niños pensando que no son seres humanos.

CORDEROS SILENCIOSOS

Las víctimas del aborto marchan a su muerte como corderos silenciosos al matadero.

SOBREPOBLACIÓN DE ÁNGELES

Desde que el aborto se legalizó en la tierra, hay una sobrepoblación de ángeles en el cielo.

PRUEBA IRREFUTABLE

Cuando los bebés abortados llegan al cielo, Dios ve en ellos la mejor prueba de que la sociedad actual está en decadencia.

SIN LEYES

La ley que legaliza el aborto es una de las razones por las que la comunidad primitiva humana no tuvo leyes.

UN ABORTO SECRETO

Los padres que, después de haber tenido varios hijos, deciden abortar al que va a nacer, tienen que guardar ese aborto en secreto a fin de que los hijos mayores no piensen que sus vidas no significan nada para los padres.

REDUCCIÓN DE LA DIGNIDAD

Los que abogan por la eliminación de niños que están por nacer, como un medio para reducir la población, abogan, en verdad, por la reducción de la dignidad de todos los pobladores.

LÓGICA DESTRUCTORA

Cuando un enemigo amenaza los intereses de una nación, ésta puede proceder a destruir al enemigo. Cuando el niño que está por nacer amenaza los intereses de sus padres, éstos pueden proceder a abortar al hijo.

NO HAY ABORTO INTENCIONAL EN LOS ANIMALES

La necesidad de perpetuar la especie es una razón por la cual los animales no matan a sus crías; los humanos añaden una razón más: El respeto a la vida. Por eso el aborto reduce a los humanos a un nivel inferior al de los animales.

UNA IMAGEN QUE NO MERECE VIVIR

Los padres que deciden abortar a su hijo, consideran que su propia imagen y semejanza no merece vivir.

ABORTO LEGALIZADO Y GUERRA DECLARADA

El aborto legalizado significa aplicar la autorización de la ley para eliminar al que va a nacer. La guerra declarada significa eliminar al enemigo con autorización de la ley.

UN LAMENTO POR LA SOCIEDAD

El niño abortado no se lamenta por su muerte sino por la muerte moral de la sociedad que aprueba el aborto.

POR RAZONES COSMÉTICAS

Una mujer que se somete a un aborto por razones cosméticas lo hará para conservar un cuerpo bello, pero su alma dejará de ser bella.

MISERIA

Los que recomiendan el aborto para evitar alimentar una boca más, deben saber que están recomendando la miseria humana.

ILIMITADAMENTE

Si las cosas buenas pueden hacerse ilimitadamente, entonces, aquellos que creen que el aborto es una cosa buena, han de creer también que hay que realizarlo ilimitadamente, hasta que la humanidad se extinga.

MENOS PRÓJIMOS

Por cuanto, es difícil amar al prójimo, algunas personas están recurriendo a cualquier medio posible que les permita reducir el número de prójimos. Uno de esos medios es el aborto.

UNIDOS

La guerra y el aborto son hermanos gemelos unidos por la muerte de un ser humano.

MAL DE MUCHOS, CONSUELO DE TONTOS

Muchas de las madres que en algún momento tuvieron un aborto o apoyaron el aborto, se convierten en defensoras del aborto porque creen que cuanto mayor sea el número de madres que abortan, menor será su culpabilidad.

UNA MOLESTIA

El aborto legalizado significa que un niño que está por nacer puede ser eliminado no porque sea malo o bueno, feo o bonito, rico o pobre sino porque es una molestia para los padres o para la sociedad o para ambos.

UN ASUNTO DE TODOS

El aborto es un asunto de la madre. Y cuando hay una madre, hay un padre, pero nadie puede ser madre o padre a menos que haya un hijo. Más aún, ni la madre ni el padre ni el hijo puede existir sin la sociedad. Por tanto, el aborto es un asunto que compete a todos.

SIN DEFENSA

La manera más fácil de eliminar a un ser humano es el aborto. El niño que está por nacer no tiene cómo defenderse.

LA VIOLENCIA DE LA LEY

El hecho de que la ley haya aprobado el aborto, es una indicación de que existe la violencia legal.

LO MÁS REPUGNANTE

Uno de los más repugnantes aspectos del aborto es que, mientras la Madre Naturaleza desea que el niño nazca, los padres biológicos quieren eliminarlo.

POR PARTIDA DOBLE

El aborto no sólo va contra la vida de un individuo, sino también contra la integridad de la colectividad.

ESCLAVITUD Y ABORTO

Así como la esclavitud es la negación de la libertad, el aborto es la negación de la vida.

ANSIEDAD CRÓNICA

Cuando el aborto está prohibido, el que va a nacer vive tranquilo en el vientre de su madre. Cuando el aborto es legalizado, el que va a nacer vive en un estado de ansiedad crónica.

LA MISMA LUCHA

La lucha contra el aborto es parte de la lucha contra la injusticia social.

LUCHA POR LA JUSTICIA SOCIAL

La lucha por la justicia social empieza con la lucha a favor de la vida y a favor de la integridad de la familia.

MENOS COSTOSA

El país que legaliza el aborto tiene muchas razones para ello, una de ellas es demostrar que la manera menos costosa de reducir la población consiste en deshacerse de los seres más indefensos que aún están en el vientre de sus madres.

○ ○ ○ ○ ✧ ✧ ✧ ○ ○ ○ ○

SIN COMPETENCIA

Cuando la ley autoriza el aborto, las cortes de justicia se quedan sin competencia para juzgar cualquier delito contra la vida.

○ ○ ○ ○ ✧ ✧ ✧ ○ ○ ○ ○

DEBILIDAD E IGNORANCIA

El aborto es un signo de debilidad, por cuanto, prueba que tanto los padres como la sociedad carecen de la fuerza suficiente para defender al niño que va a nacer. Y, si la consiguiente pregunta fuese: ¿Qué es lo que hay que defender?, entonces el aborto es, además, indicación de una gravísima ignorancia de parte de los padres y de la sociedad.

○ ○ ○ ○ ✧ ✧ ✧ ○ ○ ○ ○

BUENA SUERTE

Donde el aborto es legal, el recién concebido espera que la buena suerte lo acompañe pues la necesita más que los adultos.

○ ○ ○ ○ ✧ ✧ ✧ ○ ○ ○ ○

UN MANIFIESTO DE LA MUJER

Madres embarazadas del mundo: ¡Uníos! El aborto es una forma de explotación de un ser humano por otro.

APROBACIÓN Y REVOCACIÓN

La ley puede aprobar el aborto, la madre puede revocarlo.

DEPRESIÓN

Cualquier propuesta legislativa para autorizar el aborto es suficiente para crear un cuadro depresivo en el niño que va a nacer.

SUICIDIO GRADUAL

El aborto es el medio que la humanidad elige para suicidarse gradualmente.

SIN ALIMENTO Y SIN VIDA

El aborto consiste en privar al niño no nacido de la vida que necesita para nacer, así como la muerte por desnutrición consiste en privar a un adulto del alimento que necesita para continuar viviendo.

UNA VICTORIA TRÁGICA

Los padres del niño recién concebido saben que ellos han creado a un nuevo ser humano. El aborto legalizado es la victoria de la mentira sobre la verdad.

° ° ° ° ✧✧✧ ° ° ° °

DESTRUCTOR DE TESOROS

El niño en el vientre de su madre sólo tiene dos tesoros: La vida y el amor de sus padres. El aborto destruye a ambos.

EL QUE PAGA POR LOS PLATOS ROTOS

Algunos piensan que una mujer embarazada tiene derecho al aborto cuando ella ha sido abandonada por familiares y amigos, es acusada de adulterio, no tiene hogar ni trabajo ni dinero. La pregunta es la siguiente: ¿Por qué el niño que va a nacer tiene que pagar con su vida por los fracasos de una sociedad que los adultos no tenemos la valentía de corregir?

APELACIÓN DENEGADA

La legalización del aborto priva al que va a nacer, no sólo del derecho a la vida sino, además, del derecho a apelar una sentencia de muerte.

CUANDO EL REMEDIO MATA

En una sociedad donde los conflictos entre los hombres se resuelven mediante la destrucción mutua, los conflictos entre una madre y su hijo por nacer se resuelven mediante el aborto legalizado.

PREMISA DISCRIMINATORIA

El aborto legalizado se fundamenta en la premisa de que hay ciertos niños que no merecen nacer.

LA AMENAZA DEL ABORTO

Con la amenaza del aborto legalizado pendiente sobre su cabeza, el niño que va a nacer tiene que vivir cada día como si fuese el último.

CONFISCACIÓN Y ABORTO LEGALIZADO

Así como el Estado tiene el poder de autorizar a una persona a apropiarse de los bienes de otra persona de acuerdo con la confiscación legalizada; así también el Estado tiene el poder de autorizar a una madre a quitar la vida al hijo en su vientre de acuerdo con el aborto legalizado.

¿QUIÉN HA FRACASADO?

El niño en el vientre de su madre no es un fracasado como resultado de la ley que legaliza el aborto – la sociedad lo es.

UNA ALIANZA ENDEMONIADA

Cuando el aborto es legalizado, el niño que va a nacer tiene que enfrentarse contra una alianza endemoniada: el Estado y sus esbirros.

PROTECCIÓN FEMINISTA

Las feministas tienen que estar en contra del aborto, por cuanto es su deber defender la vida de una niña en el vientre de su madre.

EL FEMINISMO Y EL ABORTO SON INCOMPATIBLES

El feminismo se basa en la igualdad de derechos entre el hombre y la mujer. El aborto se basa en la desigualdad de derechos entre la mujer y el hijo en su vientre.

RULETA RUSA

El aborto es como un juego de ruleta rusa en el que la ley da a una madre embarazada un revólver cargado con sólo una bala para que la madre no apunte a su cabeza sino a la cabeza del hijo que ella lleva en el vientre.

SON MUY PARECIDOS

No hay nada que se parezca más a una guerra de agresión que el aborto, en donde los padres son los agresores.

SOBREVIVIENTES

En los desastres de la Naturaleza, la probabilidad de encontrar sobrevivientes es relativamente alta, pero en el desastre humano del aborto tal probabilidad es igual a cero.

UNA GRAN IGNORANCIA

El aborto sólo es posible cuando la madre embarazada decide ignorar quién es el niño en su vientre.

UN MUNDO PERVERSO

Vivimos en un mundo perverso, por cuanto, los hombres tienen el derecho de matar a sus enemigos, y las madres embarazas tienen el derecho a abortar a sus hijos.

¿POR QUIÉN PODRÁN LLORAR?

Si los humanos han perdido la sensibilidad para llorar por un niño abortado, ¿por quién podrán llorar?

EL DERECHO A PROCREAR

El aborto es una violación al derecho de la mujer a procrear vida.

DOS ABORTOS

El aborto de un niño ocurre en una sociedad que aborta su responsabilidad de proteger la vida del niño que va a nacer.

INCAPACES DE ALEGRARSE

Cuando la sociedad y la madre embarazada no tienen la capacidad de alegrarse ante la presencia de un niño recién concebido, el aborto se hace una opción.

○ ○ ○ ○ ✧ ✧ ✧ ○ ○ ○ ○

LA SOLUCIÓN DE UN MISTERIO

Un análisis histórico del aborto legalizado podría explicarnos que los dinosaurios se extinguieron cuando dejaron de incubar sus huevos.

DOS PRONUNCIAMIENTOS

Cuando se trata del aborto legalizado, la Madre Naturaleza se pronuncia por la protección de la vida, mientras que el Estado se pronuncia por la terminación de la vida.

PODER Y ABUSO

El poder es una virtud que la madre embarazada convierte en abuso cuando ella decide abortar.

HEROÍSMO

Donde el aborto es legal, la mujer que da a luz, es una heroína.

"NO LES IMPORTA UN COMINO"

Algunos "profesionales" no reparan en recomendar el aborto a una madre embarazada y pobre, pues de esa manera ella tendría mejores oportunidades en la vida y el niño no sufriría los embates de la pobreza. Lo que la madre debe saber es que a esos "profesionales" no les importa un comino la vida de la madre ni la del hijo.

DERECHO Y RESPONSABILIDAD

El decidir es un derecho. Lo que se decide es una responsabilidad.

RESPONSABILIDAD DE LA LEY

Es responsabilidad de la ley proteger la vida tanto de la madre como la del hijo que va a nacer.

EN LAS MANOS DE LA MADRE

En caso de riesgo de muerte como consecuencia del embarazo, la vida de la madre tiene un valor jurídico prioritario sobre la vida del que va a nacer… excepto si la madre decide lo contrario.

RECOMENDACIONES ENFERMIZAS

Recomendar el aborto para evitar el nacimiento de un niño pobre, es como recomendar matar a los pobres para solucionar el problema de la pobreza.

UNA FORMA DE RECAPACITAR

Antes de considerar un aborto, la madre debe de pensar en aquel que es "carne sus carnes y hueso de sus huesos".

¿QUÉ PODEMOS HACER?

La autorización judicial, el acuerdo legislativo y la intervención médica para realizar un aborto, son elementos suficientes para declarar al juez, al legislador y al médico culpables de la terminación de una vida. ¿Y, en cuando a nosotros? Eso depende de lo que hagamos.

APÉNDICES

DATOS SOBRE EL ABORTO EN LOS ESTADOS UNIDOS DE NORTEAMÉRICA

(Versión abreviada del estudio: "What the data says about abortion in the U.S." Preparado por Jeff Diamant y Besbeer Mohamed, y publicado en el Internet el 22 de junio de 2022 por The Pew Research Center). (Nota: *El Centro de Investigación Pew ha publicado el contenido original en inglés pero no ha revisado ni aprobado esta traducción hecha por el autor de este libro*).

A través de los años, el Pew Research Center ha conducido y publicado muchas encuestas relacionadas al aborto, dando así oportunidad a los estadounidenses de formar sus opiniones sobre la legalidad del aborto, y sobre una variedad de asuntos relacionados al tema. En la más reciente encuesta se encontró que el 61% de los adultos dice que, en todos o en la mayoría de los casos, el aborto debe ser legal; mientras que el 37% afirma que, en todos o en la mayoría de los casos, debe ser ilegal.

A continuación, presentamos los datos más recientes sobre el aborto que se recolectaron de fuentes que no incluían encuestas al público.

¿Cuántos abortos se practican, cada año, en Estados Unidos?

Aunque es muy difícil dar una respuesta exacta a esta pregunta, dos organizaciones han realizado estudios sobre este tema, a saber: 1. The

Centers for Disease Control Prevention (CDC); y, 2. The Guttmacher Intitute (GI). Ambas organizaciones han usado métodos distintos y han arribado a conclusiones diferentes. Algunas de esas diferencias son el resultado de que dichas organizaciones no han incluido a los mismos Estados en sus estudios. Por otro lado, el GI ha puesto énfasis en estudiar los datos proporcionados por los centros de salud donde se practican abortos, tales como clínicas, hospitales y oficinas de médicos, en los 50 Estados de la nación. De esto se deriva que los números proporcionados por el GI sean más altos que los del CDC.

En los estudios realizados por ambas organizaciones no se incluyó el método del uso de la píldora abortiva fuera de las clínicas.

Número de abortos en EEUU en los años 1973, 1990, 1996 y 2020, según el Guttmacher Institute:

- En 1973 -------------------------- 774,000 abortos
- En 1990 -------------------------- 1'600,000 abortos
- En 1996 -------------------------- 1'200,000 abortos
- En 2020 -------------------------- 930,160 abortos

El número anual de abortos en EEUU aumentó después de su legalización en 1973 y alcanzó sus niveles más altos entre las décadas del 1980 y 1990, según el CDC y el GI. Años después, el número de abortos disminuyó para luego estabilizarse. El CDC reportó que se registró un incremento del 1% y el 2% en el número de abortos en los años 2018 y 2019, respectivamente. Por su parte, Guttmacher reportó un incremento del 8% en el periodo comprendido entre 2017 y 2020.

Porcentaje de mujeres que abortan en EEUU.

El GI reportó que en 1981 se registraron 29.3 abortos por cada 1,000 mujeres entre las edades de 15 a 44 años. En 2020 la cifra de abortos fue de 14.1 por cada mil mujeres entre las edades antes indicadas.

¿Cuáles son los tipos más comunes de aborto?

El CDC divide a los abortos en dos categorías: abortos por cirugía y abortos por medicamentos. En 2019, el 56% de abortos legales se realizó mediante cirugía en clínicas, mientras que el 44% se realizó mediante medicamentos. Desde que the Food and Drug Administration (Administración de Alimentos y Medicinas) aprobó el uso de las píldoras abortivas en 2020, esta modalidad ha ganado preferencia, a nivel nacional, sobre otros métodos de aborto. Estudios preliminares realizados por el GI indican que el 2020 fue el primer año en el que más de la mitad de abortos fueron realizados usando medicamentos en clínicas.

Las dos píldoras abortivas de mayor uso son: mifepristone cuya acción consiste en bloquear las hormonas que mantienen el embarazo; y misoprostol cuya acción es la de vaciar el útero. Normalmente, estos fármacos están aprobados para usarse antes de las 10 semanas del embarazo.

El aborto quirúrgico durante el primer trimestre del embarazo utiliza el método de succión, mientras que la cirugía abortiva del segundo trimestre consiste en un proceso de dilatación y evacuación.

¿Cuántos centros abortivos hay en EEUU. y cómo ha cambiado su número a través de los años?

Según el Guttmacher Institute, el número de centros abortivos en el país ha disminuido considerablemente entre 1982 y 2017. En 1982 había 2,908 centros, incluyendo 789 clínicas, 1,405 hospitales y 714 oficinas de médicos. En 2017 había 1,587 centros de abortos. Este número incluía 808 clínicas, 518 hospitales y 261 oficinas de médicos.

Mientras que las clínicas constituyen poco más de la mayoría (51%) de los centros abortivos, son en ellas donde se realiza la gran mayoría (95%) de los abortos. En el mismo año de 2017, los hospitales, por su parte, conformaban el 33% de centros abortivos, y el porcentaje de abortos realizados en ellos fue del 3%. El porcentaje de abortos realizados en las oficinas de médicos llegó al 1%.

Porcentaje de mujeres que viajan a otros Estados con el propósito de someterse al aborto

Reportes del CDC indican que en 1972 (el año anterior al de la decisión de Roe vs. Wade que legalizó el aborto), el porcentaje de mujeres que viajaban a otros Estados para someterse a un procedimiento abortivo era del 41%, del total de abortos.

En 2019, tal porcentaje bajó a 9.3%

Datos demográficos de las mujeres que abortaron en el año 2019

Según el CDC, las siguientes cifran indican el porcentaje y las edades de las mujeres que abortaron en el año 2019 en EEUU.:

- El 9% de mujeres que abortaron tenían entre 13 y 19 años de edad.
- El 57% de mujeres tenían entre 20 y 30 años de edad.
- El 31% de mujeres tenían entre 30 y 40 años de edad.
- El 4% de mujeres tenían entre 40 y 50 años de edad.

Estado civil de las mujeres que abortaron:

- Solteras: 85%
- Casadas: 15%

Raza de las mujeres que abortaron:

- Raza negra: 38%
- Raza blanca: 33%

- Raza cobriza (Latinos): 21%
- Otras razas o grupos étnicos: 7%

Número de abortos de cada mujer en el año 2019:

- El 58% de mujeres tuvieron su primer aborto en ese año.
- Para el 24 % de mujeres fue su segundo aborto.
- Para el 11% fue su tercer aborto.
- El 8% de mujeres habían tenido cuatro abortos o más.

Entre otros datos demográficos de las mujeres que abortaron en 2019 se incluyen los siguientes:

- El 40% de mujeres que abortaron nunca habían dado a luz anteriormente.
- El 25% de mujeres habían tenido un hijo.
- El 20% habían tenido dos hijos.
- El 9% habían tenido tres hijos; y
- El 6% habían tenido cuatro o más hijos anteriormente.

En qué momento del embarazo ocurrieron los abortos (Año 2019)

- El 93% de los abortos ocurrieron en el primer trimestre del embarazo (Es decir con anterioridad a las 13 semanas).
- El 6% de los abortos ocurrieron entre las 14 y 20 semanas del embarazo.
- El 1% de los abortos ocurrieron pasadas las 21 semanas de gestación.

Complicaciones médicas resultantes del aborto

Aproximadamente, el 2% de todos los abortos practicados en EEUU conlleva algunas complicaciones para la mujer. De acuerdo con el Centro de Información Biotecnológica Nacional (subdivisión de la Biblioteca Nacional de Medicina y subsidiaria del Instituto Nacional

JESÚS A. DIEZ CANSECO

de Medicina) tales complicaciones incluyen dolores leves, sangrado, infección y efectos colaterales ocasionados por la anestesia.

Con la legalización del aborto y la intervención médica en las prácticas abortivas, el número de muertes se redujo marcadamente. Así, por ejemplo, en el año 1965 se registraron 235 muertes, mientras que en 2018 el número fue de 2, según reportes del CDC.

BREVES DATOS SOBRE EL ABORTO EN OTROS PAÍSES

– EN RUSIA

La legislación rusa vigente concede a la mujer el derecho a decidir independientemente los asuntos referentes a la maternidad, dentro de los términos siguientes: el aborto puede ser inducido dentro de las primeras 12 semanas del embarazo sin necesidad de presentar razones específicas para ello. Cuando existen causales personales, familiares o sociales, el aborto puede ser realizado dentro las 22 semanas de gestación; y, por razones médicas, en cualquier momento del embarazo, con el consentimiento de la mujer.

El Ministerio de Salud de la Federación Rusa determina los casos en que está permitido la práctica abortiva por razones médicas. Los abortos ilegales están sujetos a un proceso penal.

Durante el régimen zarista, los artículos 1461 y 1462 del "Código de Castigos" del año 1885, sancionaba el aborto con penas que iban desde la privación de los derechos civiles hasta trabajos forzados de 4 a 5 años o exilio en Siberia.

En el año 1920, Rusia se convirtió en uno de los primeros países en legalizar el aborto. Sin embargo, la terminación prematura del embarazo estuvo prohibida por normas legislativas vigentes entre los años de 1936 a 1955, con excepción de los abortos por razones médicas.

POR LOS QUE VAN A NACER

A partir del año 2,000, la legislación rusa ha denotado una marcada tendencia a reducir la incidencia de las prácticas abortivas; por ejemplo:

- En 2003, se redujo la lista de causales sociales que justificasen el aborto.
- En 2007, se redujo la lista de causales médicas para el aborto en los meses finales del embarazo.
- En 2009, se restringió la publicidad del aborto.
- En 2011, se otorgó al médico el derecho a negarse a realizar abortos en los casos estipulados por la ley.
- En 2013, la publicidad del aborto queda completamente prohibida.
- En 2014, se incrementan las sanciones por infracciones al procedimiento y plazo para la realización de un aborto.
- En 2016, el Ministerio de Salud de Rusia emitió declaraciones tendientes a considerar al aborto como "un fenómeno socialmente negativo".
- En 2017, la organización nacional "Por la Vida" logró recoger más de un millón de firmas a favor de la prohibición del aborto en el país.
- En 2019, el Parlamento Ruso (Duma) formó un grupo de trabajo para examinar las propuestas legislativas de la Iglesia Ortodoxa con el propósito de eliminar los abortos del sistema de Seguro Médico Obligatorio.
- En 2019, el Ministerio de Salud de la Federación Rusa anunció planes para reducir en un 50% el número de abortos en los próximos 6 años.

En términos generales, el número de abortos, a nivel nacional, se ha reducido de, aproximadamente, 1'000,000 a 660,000 en lo que va del presente siglo.

– EN CHINA

El aborto en la República Popular de China fue legalizado en 1957 y en la actualidad todos los sectores de la población pueden acceder a él. Los dispositivos de las leyes varían según los diversos gobiernos provinciales de la nación. Así por ejemplo, en la provincia de Jiangxi, están proscritas las prácticas abortivas a partir de las 14 semanas de gestación, excepto por razones médicas. En 2021, el Concejo Nacional de China anunció lineamientos orientados a la reducción del número de abortos mediante el mejoramiento de los servicios de salud prenatal y de bienestar económico y social.

En el año 2015, se derogó la ley estatal que limitaba a 1 el número de la prole, incrementándose a 2. En 2021, tal número se elevó a 3. En 2022, la Comisión Nacional de Salud anunció que emitiría nuevas normas para limitar el número de abortos por razones médicas. Estas normas incluían la expansión de los servicios de cuidados a los recién nacidos, así como guarderías infantiles en los centros de trabajo.

En 2018, la referida Comisión Nacional de Salud reportó los siguientes datos sobre el número de abortos realizados anualmente en la nación:

- En 2015 ---------------------- 13'000,000
- En 2018 ---------------------- 9'000,000
- En 2020 ---------------------- 8'900,000

El uso de las píldoras abortivas es uno de los métodos preferidos por los médicos chinos debido a sus altos niveles de eficacia. El fármaco mifepristone, sin embargo, ha sido proscrito como consecuencia de sus efectos perjudiciales.

En China está prohibido el aborto por razones preferenciales sobre el sexo del que va a nacer; y las penas, en estos casos, se han incrementado.

– EN INDIA

La legalización del aborto en este país data del año 1971. El número de abortos ha mantenido una tendencia variable en su crecimiento. En el 2015, se registraron aproximadamente 15.5 millones de abortos, de los cuales solo el 22 % se realizó en centros de atención médica. En el año 2021, el número de abortos se estimó en 17.3 millones.

Las causales que la ley reconoce para proceder al aborto incluyen: el riesgo a la salud física o mental de la madre, el riesgo de malformaciones en el feto, el embarazo resultante de una violación sexual, y las dificultades socioeconómicas de una familia con tres o más hijos ya nacidos.

En la mayoría de las regiones del país, el aborto se permite hasta las catorce semanas de gestación, y hasta las veinticuatro semanas en casos autorizados por la ley. La incidencia de esterilización permanente en mujeres casadas, en edad de fertilidad, llega a, aproximadamente, el 37.9%.

Tradicionalmente, la nación ha demostrado una marcada preferencia por la prole masculina sobre la femenina. De allí que los abortos de fetos femeninos es considerablemente mayor que el de los varones.

– EN EL CARIBE Y LATINOAMÉRICA

Los debates sobre el aborto, en los países de esta región, se han intensificado en los recientes años y, en algunos casos, han concluido con la legalización del aborto inducido artificialmente. Esto no implica que las controversias hayan terminado. Por el contrario, las posiciones tienden a radicalizarse entre aquellos que defienden el derecho a la vida de los que van a nacer, y aquellos que defienden el derecho de la mujer a decidir, por su propia volición, la terminación del embarazo.

The Guttmacher Institute reporta datos comparativos del número de abortos realizados en dos periodos: uno, entre 1990–1994; y el otro, entre 2010–2014.

Número de abortos por cada mil mujeres entre las edades de 15 a 44 años:

- En el periodo 1990–1994 hubo 60 abortos (por cada mil mujeres) en la zona del Caribe, 27 abortos en Centro América, y 43 en Sudamérica.
- En el periodo 2010–2014 hubo 59 abortos (por cada mil mujeres) en la zona del Caribe, 33 abortos en Centro América, y 48 en Sudamérica.

En términos generales, las cifras sobre el número de abortos, en la mayoría de los países del mundo, no revelan con exactitud lo que ocurre en la realidad debido a las dificultades en recopilarlas y a la carencia de fuentes confiables. A esto hay que añadir las variantes que resultan de la legalidad o ilegalidad de los procesos conducentes a la terminación prematura del embarazo. Es también común el hecho de que en muchos países no se publican los datos sobre el aborto o, simplemente, no existen.

Sin embargo, hemos de anotar, a manera de referencia, algunas cifras estadísticas sobre este tema en los siguientes países latinoamericanos:

- En Brasil, el Ministerio de Salud reportó que en 2020, el número de abortos fluctuó entre 729,000 y 1'250,000.
- En Argentina, la Dirección Nacional de Salud Sexual y Reproductiva registró 59,348 abortos legales a nivel nacional en el año 2021.
- En México, se reportaron aproximadamente 1'026,000 abortos en el año 2019 – según el estudio "Panorama Actual Sobre el Aborto en México" realizado por Irma Kántel Coronel y publicado en 2021 por el Senado Mexicano.
- En el Perú, donde el aborto es ilegal, un informe del Ministerio de Salud reportó que en el año 2019 se realizaron entre 360,000 y 410,000 abortos.

Printed in the United States
by Baker & Taylor Publisher Services